# La chasse aux œufs

Pour Rose,
vive la lecture et le chocolat !
M.

www.flammarion-jeunesse.fr
www.jesuisencp.fr

Couleurs : Emmanuel Ristord et Sarah Murat

Éditions Flammarion – 87, quai Panhard-et-Levassor – 75647 Paris Cedex 13
ISBN : 9782080236142 – N° d'édition : L.01EJEN001877.A003
Dépôt légal : mars 2021
Imprimé en Espagne par Liberdúplex – novembre 2021
Loi n° 49-956 du 16 juillet 1949 sur les publications destinées à la jeunesse

# La chasse aux œufs

Texte de
Magdalena

Illustrations
d'Emmanuel Ristord

CASTOR POCHE

## Notre classe de CP

Pour lire l'histoire, tourne la page !

Pour des activités autour de la lecture, va page 34 !

Ce matin, Maîtresse Julie a regroupé les tables de la classe.
« Il se passe quoi ? » demande Tim, étonné.
Selma s'écrie :
« T'as oublié, les élèves de grande section viennent visiter l'école aujourd'hui !
– Eh oui ! dit Maîtresse Julie.
Ils arrivent cet après-midi, on a la matinée pour tout préparer. »

Maîtresse Julie explique :
« Ce matin, on va travailler en ateliers.
On va décorer la classe et préparer
une grande chasse aux œufs !
Tim, tu distribues deux œufs en carton
à chacun, s'il te plaît ?
– Ben, c'est même pas des œufs
en chocolat ? C'est de la triche,
se plaint Tim.
– À l'arrivée, les œufs décorés seront
échangés contre du chocolat !
reprend Maîtresse Julie.
– Ouf ! » dit Tim, rassuré.

Maîtresse Julie sort la peinture
et donne la consigne :
« Vous choisissez une couleur
et un graphisme. Chaque œuf doit être
unique !
– Fond rouge avec des pois !
s'empresse de dire Selma.
– Fond rouge avec quadrillage noir !
dit Fatou.
– Fond bleu avec étoiles jaunes !
propose Léo.
– C'est bon, inutile de tous me dire
votre choix, faites-le ! » dit Maîtresse Julie
en souriant.

Quand les élèves ont fini de décorer
les œufs, d'autres ateliers les attendent.
Basil, Selma et Samir font des cocottes
en papier.
Téo, Bob, Ana et Léa fabriquent des mobiles.
Noé, Mia, Alice et Tim plient des lapins
en origami.
Fatou, Réda, Léo et Lou préparent
des guirlandes de poules.
« On dirait une usine de Pâques ! » dit Basil.

À midi, trois voix s'élèvent en même temps que la sonnerie.

« On a oublié le plus important ! dit Ana.

– La banderole de bienvenue ! ajoute Léa.

– Avec les prénoms des élèves de grande section ! complète Noé.

– Oh, vous avez raison, dit Maîtresse Julie, mais c'est déjà l'heure de déjeuner. Vous allez juste écrire sur le tableau : Bienvenue à la classe des grands ! »

À la cantine, les CP se rappellent leur visite de l'école primaire.

« Je me souviens que l'année dernière j'avais un peu peur, pas vous ? demande Mia.

– Non, moi j'étais trop content ! dit Samir.

– Moi j'ai pleuré car je ne voulais pas repartir, je croyais que j'étais déjà passé en CP ! » dit Tim.

Tous éclatent de rire.

Après le déjeuner,
les CP cachent les faux œufs dans la cour.
Maîtresse Julie s'amuse autant
que ses élèves.
Elle donne des idées à ceux
qui ne trouvent pas de cachette :
dans le tronc, sous le banc,
sur le rebord de la fenêtre…

Les CP finissent juste au moment
où la classe de grande section arrive !
« Ouf, on a eu chaud ! » dit Téo.

Après les présentations,
Maîtresse Julie demande à ses élèves
de raconter ce qu'ils font en CP.
« On calcule, on fait des additions
et des multiplications, dit Réda.
– On apprend à lire et à écrire ! »
complète Mia.

Tim a mis son cartable sens dessus dessous.
Il secoue soudain un cahier en s'écriant :
« On apprend des poèmes et des chants !
– On s'amuse quand ?
demande un élève inquiet.
– Pendant les récrés ! » s'écrient tous les CP.

Les CP sont très fiers d'être le parrain
ou la marraine d'un élève de grande section.
Tous donnent la main à leur petit protégé
pour la visite de l'école.
« Ici, c'est les toilettes, annonce Lou.
– Oh, il y a des portes, c'est bien !
dit une petite fille.
– Et voici la cantine, poursuit Téo.
– J'ai l'impression d'être une maîtresse »,
rigole Basil.

Une fois dans la cour de récréation, la chasse aux œufs peut commencer. Chaque duo tire au sort un papier pour savoir ce qu'il doit chercher.

Selma lit :
« Un œuf à pois noirs
et un œuf à rayures rouges.
– J'ai trouvé ! s'écrie l'enfant
de grande section en ramassant
un œuf à rayures jaunes.
– Non, ce n'est pas la bonne couleur,
repose-le ! » lui dit Selma.

pois noirs

Lou a perdu son petit protégé.
Elle le retrouve dans un coin de la cour, assis par terre.
« Pourquoi tu boudes ? demande Lou.
– C'est pas des œufs en chocolat, dit Jules, déçu.
– Je sais, mais il faut d'abord trouver les œufs décorés, lui explique Lou.
Ensuite, Maîtresse Julie va les échanger contre des œufs en chocolat. »

Rassuré, le petit se relève et part comme une fusée.
« Hé, attends-moi ! » crie Lou.

Une fois la récolte terminée,
les enfants retournent en classe.
« Bravo, vous avez tout trouvé ! »
disent les maîtresses en distribuant
une pochette d'œufs en chocolat à chacun.

Après les cris, les youpi et les mercis,
les élèves goûtent tous ensemble.

Pour finir, les CP font la lecture
à leurs invités.
Ils choisissent un album
et lisent chacun une page.

Les élèves de grande section écoutent
sans bruit, admiratifs.
« Je veux être en CP
pour lire comme Fatou ! »
s'écrie un petit garçon.

Au moment de partir,
les élèves de maternelle sont mécontents.
« Oh non, pas déjà !
dit un enfant en boudant.
– On peut revenir demain ?
demande un autre.
– Je veux rester avec toi ! dit Jules à Lou.
– Bravo les CP, vous vous êtes
très bien occupés de vos invités,
je suis fière de vous »,
félicite Maîtresse Julie.

# Je joue pour bien lire

**1** **Complète** la couverture du livre avec le bon titre.

**a.** Les œufs de Pâques

**b.** La chasse au trésor

**c.** La chasse aux œufs

**d.** Les œufs en chocolat

**Réponse :** étiquette c.

**2** **Retrouve** le son [ch] dans les mots.
Quel est l'intrus ?

| | | |
|---|---|---|
| chasse | cachette | cahier |
| triche | chocolat | cacher |
| chercher | pochette | choisir |

**3** **Remets** les étiquettes **dans l'ordre** pour former une phrase.

Souviens-toi qu'une phrase commence par une majuscule et finit par un point.

**a.** décorent | la classe. | Les élèves

**b.** cachent | Les CP | les faux œufs.

**c.** Lou | son petit protégé. | a perdu

**Réponses : 2)** cahier ; **3)** a-Les élèves décorent la classe. ; b-Les CP cachent les faux œufs. ; c-Lou a perdu son petit protégé.

# Je joue pour bien comprendre

**1** **Remets** les phrases **dans l'ordre** de l'histoire.

**a.** Les CP lisent une histoire.

**b.** Les enfants cherchent les œufs.

**c.** Les enfants goûtent.

**d.** Les GS visitent l'école des CP.

**2** **Vrai ou faux ?**

**a.** Les CP accueillent des élèves de maternelle.

**b.** Les CP cachent des œufs en chocolat.

**c.** Lou boude dans un coin de la cour.

**d.** Les CP lisent chacun un album.

**Réponses : 1)** d, b, c, a ; **2)** a-vrai, b-faux (ils cachent des faux œufs), c-faux (Lou = Jules, son protégé), d-faux (chacun = tous ensemble).

## 3 Apprends à faire **un lapin en origami**.

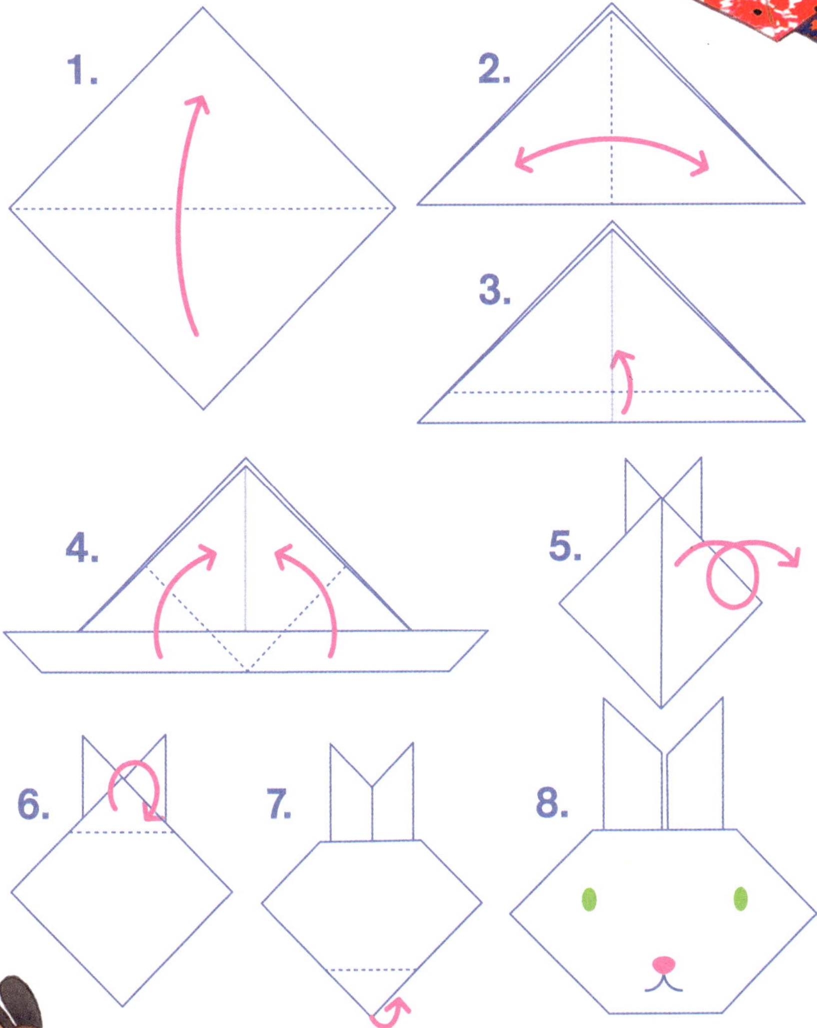

Je suis en CP

Retrouve les histoires de **Je suis en CP** pour t'accompagner tout au long de l'année.

1

C'est la rentrée !

Dispute à la récré

Le nouveau

C'est l'automne !

Alerte aux poux !

La fête à la cantine

Journée à la ferme

Un chien à l'école

Il neige !

Noël à l'école

Jaloux !

La galette des reines

Quelles histoires as-tu déjà lues ?
Quelle est ta préférée ?

Lesquelles aimerais-tu lire ?

Toute l'actualité de la collection,
les astuces de Magdalena et plein d'autres surprises,
sur **www.jesuisencp.fr**

## 2

Jour de piscine

La remplaçante

Le bras cassé

Les anniversaires

Le lapin de la classe

Lou a deux maisons

Les toilettes de l'école

Noé a un secret

C'est carnaval !

## 3

Les amoureux

La fête de l'école

La classe de mer

Chez les pompiers

La médaille d'or

Au centre aéré

La maîtresse se marie

Vive les vacances !

La chasse aux œufs

Je suis en CP

# Pédagogie Montessori

**Mieux apprendre grâce aux neurosciences dans le respect du rythme de chaque enfant.**

## Une méthode de lecture

DÈS 5 ANS

## et 5 cahiers d'apprentissage